AF185083

www.tredition.de

Tudo vale a pena

se a alma

não é pequena.

(Fernando Pessoa)

Wir müssen uns selbst retten -

immer wieder.

Caroline Ausserer

Sternenblicke

&

Dornenwörter

Gedichte

© 2020 Caroline Ausserer

Umschlag, Illustration: Juliska Ausserer
Foto der Autorin: Birgit Volk

Verlag & Druck: tredition GmbH, Halenreie 40-44, 22359 Hamburg

ISBN
Paperback   978-3-347-13371-6
Hardcover   978-3-347-13372-3
e-Book   978-3-347-13373-0

Inhaltsverzeichnis

Traumgedanken & Sternenblicke......................7

Trauerblicke & Dornenwörter.........................25

Himmelrosen & Perlenworte...........................53

Traumgedanken & Sternenblicke

Frischer Tau

liebkost meine Lippen

ich sauge ihn ein

eine Hand streichelt meinen Körper

ich schmiege mich an sie

ein Paar Augen streifen meine Stirn

ich schaue auf -

zwei Körper rollen den Hügel hinunter -

übereinander

untereinander

ineinander verschlungen

lieben bleibe ich in einer Mulde

zeitlos bewundere ich den Flug der Vögel

vom Wind getrieben...

Der Regenbogen

Es kam einmal

ein Regentropfen

zu einem Blatt.

Dort traf er

einen Sonnenstrahl.

Sie schlossen Freundschaft.

Und immer wenn sie sich an der Hand hielten

entstand

ein Regenbogen.

Nebenher leben

und

den

ganzen

Tag

träumen.

Luftsprünge

schweben im Hirn

und leise tritt eine Melodie auf

und tanzt vor:

mein Leben geträumt

und ein Lachen

bleibt übrig

vom Traum

und ein Glück

nur selten gespürt

zerfließt

im Herzen

ganz

Ich lief auf Sternen

die Wiese war der Himmel

wir leuchteten im Dunkel der Nacht

der Horizont war fern

und Träume so nah

das Laternenlicht erhellte

deine Züge

und in Schönheit

wandelten unsere Seelen

nebeneinander

Richtung Sternenhimmel

Träume

bitte bette mich

auf deiner Stimme -

umhülle mich

mit deinen Worten -

erlöse mich

von meinen Hoffnungen -

schwebe mit mir

auf Sternen

und lass mich

deine Haare zähle

im Mondenschein versteckt;

allein -

gefahrenlos

werd ich dich wittern

und hinter Gittern

werd ich verlangsamte Worte

verstehen lernen -

Gedanken

frei laufen lassen.

Zarte Traumgedanken

tröpfeln auf ein Blatt Papier

verspüre den Hauch der roten Rose

erahne den Ruf des Frühlings

streichle die Perle

tief in dir

verlier dich – mit dem Zeitlosen wandere

sei lautlos

frisch wie der Tau am Morgen

strebe nach Verborgenem

innerlich zerberste

und fange dich auf -

immer wieder

lautlos kehre zurück -

vom Traumflug...

Geräumiges Feld

zarter Lust

im Sommerregen

der Lichterwiese -

geheimnisvoller Schatten

umwindet

mein Gewebe

im Stillen -

grausam

leicht...

Es bleibt mein Traum,

das Leben herauszufordern,

immer wieder

neue Grenzen zu überschreiten,

neue Perspektiven zu sehen,

viel Neues zu lernen,

und mich zu erkennen.

Freudiges Erinnern

an spielende Stunden

des tiefen Kennenlernens -

wie ein Aufwachen

ein Auftauchen

und in neuer frischer Luft

Lebensspendendes

finden -

wieder hinein tauchen wollen

in ein Gewühl

verborgener Wesen.

Finger gleiten

über Haut

sanft und weich

die Träume

es schimmert alles leicht

im Sonnenblick

und golden

führt Streicheln mich

zur Quelle

lässt erzittern

die Macht

des weiblichen Flusses

in den ich eintauche

und zu mir zurückkehre

leicht und ruhig

geborgen

Wie Verlangen malen

in dicken Strichen

bunten Flächen

glänzenden Augen

die in eine unsichtbare Welt fliegen

betonten Tons

zuckende Fingerspitzen

tiefe Bässe

sich windender Bauch

Punk-Getöse

mein Verlangen hinaus brüllen wollen

es bleibt still in mir

halte Ausschau

geronnene Fragen

sehnsüchtige Trauer

verweile wartend

Haut zum Streicheln

Fingerkuppen fahren über Brüste

brennende Berührungen

Scham gerinnt

wohin mit Worten

existenzlos

verwirrt einsam

noch

Vollgefüllt

bunter Luftballon

aufstrebend losfliegen

jauchzend tanzen

aufschreien vor lauter Glück

dahinschweben

luftgestreichelt

und sonnengeliebt

dem Leben entrückt

in eine helle Welt

zarter Verspieltheit

harter Lust

glühenden Feuers

eintreten

darin aufgehen

mit Verlangen vollgefüllt.

Ich umhülle

mit meinen Gedanken

dein Wesen

unser Lachen hallt wider

sternenbestickt

unsere Blicke mondgeteilt

und dunkelheitsverwischt

unser Verlangen

in tiefen Abgründen

uns fallenlassen

aufpralllos und voller Ungeduld.

Ungestümes Genießen

im Meer der Leidenschaft

beflutet mit jauchzenden Chören

fragvolles Unterbewusstsein

erstarrt

und der Augenblick

der geronnenen blutleeren Höhe

gerahmt mit wilden Schreien

lähmt uns

das Glück einsaugend

es bald verkörpernd

lautlos ineinander verschlungen

sternenvoll

Liebestaumel grenzenlos

losgerissen

neu erstanden

Feuerflamme Sonnenstrahlen

umringen

unseren Blick -

willenlos – nie mehr voneinander

lassen wollen -

du in mir

ich in dir

wir uns aufsaugend

zerstörend

neu geboren

Frage

Soll ich sie

trotzdem

küssen

den Mund öffnen

und fressen

    aufsaugen

    was es zu leben gibt

oder

ausspeien alles

Zerstörende

und weiterleben

ungeküsst?

Trauerblicke & Dornenwörter

Einst sah ich einen Schmerz

er überflutete

mein ganzes Gesicht

ich spielte mit Worten

experimentierte mit Gefühlen

wusste nicht was sagen

wusste nicht was fühlen

ich spielte das Leben

ich lebte das Spiel

ich fühlte den Schmerz

es schmerzte das Gefühl

und ich war alleine.

In der Wüste

liebte die Blume

die Sonne

wenn sie schien

liebte die Blume

den Regenbogen

wenn es regnete

und wenn

es weder regnete noch die Sonne schien,

schrie sie verzweifelt auf,

weil sie nicht wusste

wohin

mit ihrer Liebe.

Kind sein

nein

nicht lieben

nein

lass mich erst

fertig

Blumen pflücken

Käfern zuschauen

Schmetterlinge fangen

nein

nicht küssen

nein

lass mich erst den Wind umarmen

auf den Regenbogen klettern

dem Vogel winken

nein

nicht nicht nicht!

Lass mich erst noch

ein bisschen

Kind sein!

statt umarmungen

schenken

menschen einander steine

weil sie spürbar schwerer sind

und haltbarer sind

man kann sie aufbewahren

und anschauen,

was auch ein schönes gefühl sein soll,

sagen die,

die noch nie das gefühl

das einer zärtlichen umarmung folgt,

gefühlt

gespürt

haben.

mit diesen steinen bauen sie sich

die mauer um sich

und wenn die mauer

hoch genug ist

und niemand mehr zu ihnen eindringen kann,

werden sie verkümmern

und langsam sterben

leidend

sterben

niemand wird

ihre schreie

hören

und dann

lautlos

der tod

kalt

eiskalt

Im Sternenhimmel

erklimme ich

meine Träume

und ich sauge

die Luft der Wirklichkeit

ein, die sie wieder

zerstört.

Eine große Leere

in mir

lässt ahnen

dass du in mich

eingedrungen bist

und einen Teil von mir

mitgenommen hast.

Leise

sträubt sich

meine Seele

gegen

deine Hände

und ich

sterbe

im Genuss

trotzdem

Einsamkeit

lagert trocken

auf meiner Zunge

und Schwere lastet

auf meinen Schultern

jeder Schritt

entfernt mich mehr

von meinen Träumen

und wird zur Qual

leichte Augenblicke

frisches Vergnügen

leben verdrängt

in der Erinnerung -

unwahr wird

mein jetziges Leben,

gestört

von der Sehnsucht

nach dem Gestern.

Verlorene Phase

des Glücks

verwischte Spuren

der Freude

gelachtes Leid

ohne Hoffnung

auf einen besseren Tag.

Verdunkeltes Sein

im See

der undurchsichtigen Gefühle

verzeihendes Lachen

ohne Glitzern

in den Augen

verlorene Blicke

von einst

Verbotenes Leben

unausgelebtes Schreien

geschrienes Erstarren

erstarrte Träne

geweinter Verlust

verlorene Welt

weltliches Leben

gelebtes Verbot

verbotenes Leben...

Der Glanz

ist vorbei

das Leben

ist nass

vollgeweint

von Tränen

im Inneren

zerplatzen

Wolkenblasen

und der

Zauber

ist nur Schein...

blinder blick

nach sonne

suchend

nach freude

lechzend

du wirst enttäuscht

andauernd.

vergebliches suchen

versuchen die triebe

zu befriedigen

du bleibst immer wieder zurück

mit noch mehr durst

in der kehle

bald nicht mehr kraft schöpfend

laut zu schreien.

Verlassene Freude

im leeren Raum

des Schweigens

zerstört das Getrommel

der Fäuste des Nicht-Verstehens

Worte die niemanden verstehen

Worte die niemand versteht

stummes Reden

geschwiegenes Lachen

gestohlenes Leben

verlorene Liebe

fragende Erkenntnis

nach der Gestaltung

des Sinns

das verdunkelte Ich

lebt verborgen im Hintergrund

unergründlich

fremd

Scheinbare Gleichgültigkeit

durchschneidet

den Raum

und

ich sterbe

mit dem

suchenden Blick

nach dir

Luftleere Tage

versprechen

Sonnenkälte

und Trauerblicke

vorbeiziehende

Stunden ohne

daran teilzunehmen

am Leben

blutverschmierte

Gedanken und

hoffnungsgeweinte

Augen nach dir.

verzaubern

wollen deinen blick

sehnsuchtsvoll

vogelblicke

fragende nähe

und bleibende

leere

lähmende

l

e

e

r

e

Durstiger Blick

nach duftender Haut

und bunten Blumenblicken

zerstreut im weiten Himmel

das Bild in meinen Augen

Trauerworte

im Hoffnungsmeer

durch

Enttäuschungen

daran ertrinkend?

Stacheliger Kerngedanke

schleift

sich in mein

Bewusstsein ein

und zerstört

leichte

Sehnsuchtsstrahlen

tröpfchenweise

Augen öffnen

hell! -

träge lächeln

und ins Trauerloch springen.

Unsichtbar weiterleben

die Hand öffnen und

den Regen spüren

nass, Nässe

Wasser

Vergessenheit -

schwarz!

Augen schließen

tröpfchenweise

Geschrienes Leid

in eine antwortlose Leere

verbleicht bleibt der Tag

vergessen

in Erinnerung

geheucheltes Lächeln

hingespuckt

wie roter Regen

im schwarzen Himmel

geläuterte Seelenhunde

angekettet an innerer Hilflosigkeit

verbluten

ideenlos

und herrschend

macht sich Wut breit

tief geht sie

aufschreiend lebt sie

in mir

versteckt

unterdrückt -

aufbäumend wird sie

riesengroß

und kracht hervor

alles zerstörend hassend

es bleiben

schwarze Träume -

wie Asche

Dornenwörter

könnten nicht das aussagen

was ich fühle

Schwertstiche vielleicht

Worte erstickt im schweren Schlund

des Sinnlosen

Augen in getötetem Matt

keuchendes Luftholen

gezwungen es mühsam ständig

zu wiederholen

Wort-leer keuchend weiterkriechen

im Sand der falschen Versprechungen

mich winden wie ein verletztes Reh

während Schlangen sich in der Sonne suhlen

verstummen -

ungehörte Worte haben keinen Klang

tote Träume wie Leichen begraben

tötenderweise sterben wollen

mein Bewusstsein einschwärzen

von innen heraus trauern

um so viele Leichen in mir

um so viel Kälte zerbersten

ohne Gruß zerschellen

an mir selbst -

der Klippe des Vergehens

fern fern

schwimmen im luftleeren Raum

nichtigen Begehrens

der Uterus so weich

erwartet mich ---

Stümperhafter Wurm

elendiglich stirbt

deine Sternensehnsucht

mit Tränen bleibst du kleben

auf des Erdengrund

und verfluchend

alle höheren Verbindungen

gräbst du dich ein

und fühlst dich gut

im Schlupfloch Erde

Wüstensand reibt Augen rot

so sinnlos sinnlos

Schmerz geh von dannen

und lass mich

Wurm sein

ohne Sternenblick...

Der Körper

lief voraus.

Die Seele

kam nicht nach.

Damals.

Die Seele

läuft voraus.

Der Körper

kann nicht mehr.

Zu tief geprägt

von damals.

Nun.

Himmelrosen & Perlenworte

Gedanken

die fallen

wie Regen

in Pfützen

sie spiegeln

es wider -

das Leben

der Seele.

Kontrast

Grüne Flächen Weite

atmend -

Ufer zum Ausrasten,

liegenlassen die stickige

Enge der Stadt,

gepflasterte Gedanken

und einengende Gefühle

zurücklassen,

atemlos

verzehrt die Stadt

ihre Gestalten

ungefragt

lautlos –

freudvoll

lachende Blicke

auswerfen

wie Blumen

streuen

auf

kalten Straßen

glänzend

blitzen sie nun

gesätes Glück

leuchtet zurück

Klingende Töne

einer fernen Sehnsucht

die sich zu erfüllen

Zeit lässt

und leise anklingt -

freudig

am Horizont

blau

Allein steigt

die Hoffnung empor

getragen zu werden

über weite Blumenfelder

mit dem Gewand

aus Himmelrosen und Sonnenstrahlen.

Langsam sinken

und im plastikgefüllten

Wassersack aufwachen,

die Träume zählen

und merken,

dass das Leben

einer Wolke ähnelt,

die mich widerspiegelt

in der Pfütze

meiner Tränen.

Das Blatt

fallend stehe ich auf

und weinend lache ich

doch in Wirklichkeit

will ich nicht sterbend leben

sondern lebend wachsen

und nicht abfallen

wie ein totes Blatt.

Manchmal fallen

Tränen hart

auf die Realität

und beim Aufprall

verwandeln sie sich

in Murmeln

die du liebevoll einsammelst

somit meine Traurigkeit

verstehen lernst

und indem du mir

die Farben,

die den Regenbogen

widerspiegeln

in den Murmeln zeigst,

tröstest du mich

und langsam wird

mein Lächeln

Sonne!

Kahle Felsen

durchzogen von Strommasten

vom Wind durchwühlt

Steinerde trocken wasserlos

einsame Sträucher

suchen den Schatten

ein Keuchen in der Hitze

nach Wasser lechzend

weiterziehen Vögeln gleich –

weißgekalkte Häuser

eng beieinander

sich küssend und umarmend

blicken sie aufs Meer

vom Mond durchschienen

und die Wärme des Sternenhimmels

leuchtet in mir fort

Leidenschaft

körperfremd

von dir zehren

ohne mit dir zu sein

in mir verschlossen bin ich -

eingeschlossen in meinen Ängsten,

Schwächen, Zweifeln -

meiner Unfähigkeit

Gefühlen Ausdruck zu verleihen

zu brennen

innerlich

mein Verlangen

auf Sparflamme

lässt mich zerbersten

verzweifelt nage ich

am Hoffnungstuch -

es zu schaffen

vielleicht

irgendwann

die Gräben, Barrieren,

Grenzen, Mauern

in mir

zu überwinden

zu dir durchzudringen

und

wieder

mit dir zu verschmelzen -

Geritzten Steins

spürt meine Wirbelsäule Stiche

die tief gehen

in gequetschte Nervenbahnen

die im Innern des Labyrinths

einen Ausweg suchen

während ich das Floß umklammere

doch auch das lässt von mir los

Hoffnung treibt davon

in den stürmischen Lebenswellen dahin

hämmerndes Wiederholen

eines tödlichen Kreislaufs

töten um zu leben

sterben schließlich

und nicht wissen

wie leben

wie Bewegungen fortführen

wie Orte aufsuchen

die uns verbinden

die in uns stecken

die mir Verständnis und Hilfe geben

die mein Leben ausmachen

nun existenzlos

dennoch weiterexistieren

müssen

ich heile mich selbst

pflege meine Gedanken

fädle sie auf

Wort für Wort

wie Perlen

die zur Kette werden -

bunt wie früher

kindliche Freude an Farben,

Blumen, Wind und Wolken

verhaftet in echten Trauertränen

sehnend das Lachen in mir

aufsparen

es ist vorhanden – in mir drin

nur jetzt nicht verfügbar

stiller Ernst,

der mich erdrückt

zermalmendes Feststellen

neue Hindernisse beseitigen

die Hürden der einstigen Liebe

überspringen und hinter mir lassen

müssen -

Klagemauer, Klagetrauer,

Tragetrauer, Tragemauer,

Trauerklauer, Fragemauer...

Neu geboren

ich liege da

und Sterne umhüllen

mein Bett

ich liege auf der Dunkelheit

und fange an

zu vergessen

die Vergangenheit

stirbt

ich höre ihr Keuchen

doch sie erreicht mich nicht mehr

denn das Rauschen des Windes

hüllt mich in einen zarten Schlaf

und ich werde schlafen

und aufwachen –

wie neu!

Klarheit

klar

erklaeren

aufklaeren

verklaerte

Aufklaerung

klar

klarer

Eiklar

Irgendwo leuchtet

ein Stern

du merkst es nicht

er lebt aber mit dir

und empfängt deine

Gedanken

er saugt deine

Einsamkeit auf

und atmet

die feuchte Luft

deiner Tränen ein

Leise steigt

der Dampf

des Tages empor

und geht über

in die kühle Dämmerung

der Nacht

wo man Sterne zählt

und Blicke sucht

sowie die Zufriedenheit verspürt

den Genuss des Tages

ganz ausgenutzt zu haben.

Erinnerung

Helles Lachen
erfrischt mein Leben
durchleuchtet meine Augen
die Trauer fällt ab
ein Tag wie so viele
doch
einzigartig
verweilend
in meinem Herzen.

Leere Worte ohne Sinn

gesprochen ohne Absicht

verlorengegangen ohne Verlust

Aufprall ohne Wirkung

belangloses Geschwätz

Sehnsucht nach Sinn

nach Worten mit Absicht

Wirkung und Verlust

bei erfolglosem Aufprall

Sehnsucht nach

lebendigen Gesprächen

In der Stille

des Waldes

lehnt sich

die Ruhe auf

verstandenerweise

wird man zum

Menschen.

Zeitfracht Medien GmbH
Ferdinand-Jühlke-Straße 7
99095 Erfurt, Deutschland
produktsicherheit@kolibri360.de